Quand Martin Malvy
publie un livre :
questions de déontologie

Du même auteur*

Certaines œuvres sont connues sous différents titres.

Romans

La Faute à Souchon : (Le roman du show-biz et de la sagesse)
Quand les familles sans toit sont entrées dans les maisons fermées
Liberté j'ignorais tant de Toi (Libertés d'avant l'an 2000)
Viré, viré, viré, même viré du Rmi !
Ils ne sont pas intervenus (Peut-être un roman autobiographique)

Théâtre

Neuf femmes et la star
Les secrets de maître Pierre, notaire de campagne
Ça magouille aux assurances
Chanteur, écrivain : même cirque
Deux sœurs et un contrôle fiscal
Amour, sud et chansons
Pourquoi est-il venu :
Aventures d'écrivains régionaux
Avant les élections présidentielles
Scènes de campagne, scènes du Quercy
Blaise Pascal serait webmaster
Trois femmes et un Amour
J'avais 25 ans
« Révélations » sur « les apparitions d'Astaffort » Jacques Brel / Francis Cabrel

Théâtre pour troupes d'enfants

La fille aux 200 doudous
Les filles en profitent
Révélations sur la disparition du père Noël
Le lion l'autruche et le renard,
Mertilou prépare l'été
Nous n'irons plus au restaurant

* extrait du catalogue, voir page 62

Stéphane Ternoise

Quand Martin Malvy publie un livre : questions de déontologie

6 avril 2013

Jean-Luc PETIT Editeur - *Collection Politique*
livrepapier.com

Stéphane Ternoise versant essayiste :

http://www.essayiste.net

Tout simplement et logiquement !

Site officiel : http://www.ecrivain.pro

Stéphane Ternoise

Quand Martin Malvy publie un livre : questions de déontologie

Peut-on "tout faire" (dans le respect des lois) quand on exerce de hautes fonctions ou doit-on s'appliquer des devoirs déontologiques ?
Le président d'un Conseil Régional peut-il éditer un livre chez un éditeur soutenu par la région ou doit-il, s'il souhaite publier, recourir à l'indépendance ou chercher un éditeur avec lequel ses fonctions ne le mettent pas en situation d'une suspicion de conflits d'intérêts ?

Depuis une dizaine d'années je dénonce, en vain, la politique du livre menée par monsieur Malvy, président de la région Midi-Pyrénées depuis 1998, via le Centre Régional des Lettres. Un certain questionnement m'irrita à la découverte, en février, de l'imminence de la sortie de son propre livre, « *Pour décoincer la France : Décentralisons !* » (en collaboration avec Nicolas Bouzou, économiste) chez un éditeur toulousain, Privat, qui semble entrer dans la catégorie des « éditeurs à aider » du CRL (impossible d'obtenir la ventilation des énormes aides aux éditeurs de la région), présent dans ses instances représentatives (Patrick Cabanel, Comité Conseil du Livre), représenté dans le groupe de travail régional sur le livre numérique... Des liens d'influence évidents, des liens financiers plus difficiles à établir... mais en regroupant des données...

Privat, du groupe *Pierre Fabre, Sud Médias Participations*, qu'on retrouve au capital du groupe *La Dépêche*, éditeur du quotidien *La Dépêche du Midi* où fut journaliste Martin Malvy. Quotidien dirigé par Jean-Michel Baylet, président du Conseil Général du Tarn-et-Garonne, patron également du PRG, Parti Radical de Gauche, allié politique dès le premier de la "liste Malvy" en 2010.

Des liens... Pierre Fabre*, au 54eme rang des fortunes françaises avec 800 millions d'euros, selon challenges. Mais si, en août 2011, Privat avait déjà donné un signe de bon socialisme en publiant "*Le rêve français : Discours et entretien (2009-2011)*" de François Hollande (des interviews de Vincent Duclert, Denis Lefebvre, Bernard Poignant, Dominique Villemot), il ne pourrait s'agir que d'un panier d'influence pour les oeufs de Pierre Fabre, également propriétaire de l'hebdomadaire "*Valeurs actuelles*", considéré très à droite. Pierre Fabre sponsorisait le rugby à Villeneuve-sur-Lot au temps du Cahuzac tout puissant...

Dans le Lot, il ne nous est pas inconnu : « *Proche de Bernard Charles, le député maire de Cahors - notoire courroie de transmission de Pierre Fabre à l'Assemblée -, Jérôme Cahuzac ne perd pas non plus ses contacts avec les labos. Au début des années 1990, c'est en jet privé, avec Michel Rocard, qu'il se rend à la villa Carla, la tanière de l'industriel à Castres, pour un dîner avec*

Jacques Limouzy et Philippe Douste-Blazy. » écrivait ainsi *Sud-Ouest* le 16 décembre 2012. S'il n'est plus élu, Bernard Charles semble demeurer dans l'ombre de Dominique Orliac, la députée, médecin ophtalmologue, présidente du Conseil de l'ordre des médecins du Lot. Des gens du Parti radical de gauche.

Quel est le montant des diverses aides reçues du Conseil Régional (via le *CRL*) par les éditions Privat où édite en 2013 le Président du Conseil Régional ? J'aimerais que l'on me réponde « zéro » ! Mais, comme sur les autres sujets, aucune réelle réponse... Juste : le travailleur indépendant en profession libérale auteur-éditeur n'est pas éligible aux bourses et aides diverses du CRL. Je ne suis pas écrivain dans cette région. Donc je consulte les documents...

Quant au livre Malvy-Bouzou, il semble soutenu par la *Dépêche du Midi* dont la présentation m'apparaît très favorable. Ce qui est naturellement le droit du journaliste indépendant qui signa l'article.

L'actualité Jérôme Cahuzac peut permettre une résonnance nationale à ce texte indispensable en région Midi-Pyrénées. Ce n'est qu'une possibilité, certes improbable.

Enquête indépendante d'un écrivain indépendant. Tout ce que je sais sur le sujet. Nul doute que certain(e)s sont mieux placé(e)s que moi pour le compléter. Encore faudrait-il qu'ils le veuillent.

Va-t-on accepter encore longtemps ce système ?

Stéphane Ternoise - http://www.ecrivainlibre.info

P.S. J'ai également toujours dénoncé avec vigueur l'organisation du salon du livre de Villeneuve-sur-Lot, ville où monsieur Cahuzac fut élu maire en 2001. Lire *"Villeneuve-sur-Lot, des monuments historiques, un salon du livre... - Photos, histoires et opinions."*

* La correction de quelques fautes en septembre, lors de la mise en disponibilité en papier, permet de signaler la mort, le 20 juillet 2013, de Pierre Fabre, occasion pour Martin Malvy d'un tweet que je qualifie d'apocryphe « *La disparition de Pierre FABRE est ressentie unanimement avec émotion et respect. Toute la région, au delà du #Tarn, est en deuil. #hommage"* »

Le "pharmacien de Castres" aura bien fructifié durant sa dernière année, passant au 43ème rang selon challenges.fr, avec 1 200 M € ! Plus 50% ! Vive les subventions aux groupes en difficultés !

Dédicaces,

À celles et ceux qui souhaitent une France digne, respectable, débarrassée du clientélisme, où la loi est la même pour toutes et tous.

Allez, monsieur Malvy, reconnaissez que ce texte est mieux écrit que tout ce que vous avez publié ! Pourtant il fut rédigé dans l'urgence.

J'en appelle à une politique juste... tout simplement. Donc déontologique, respectable.
Il est trop simple de réunir des personnalités qui pensent à peu près la même chose pour prétendre s'être appuyé sur un comité d'experts.
Dans le domaine de la culture, je pense que l'argent public doit servir la création et non des groupes, des clans, des installés.

« *Chacune et chacun doit servir, à sa place, la République, d'une manière exemplaire avec le souci de faire le mieux possible et de donner aux autres le meilleur de soi-même* »,
François Hollande 6 avril 2013 à Tulle (il suffit de puiser dans l'actualité !)

En me déniant tout droit à être considéré auteur dans ma région, monsieur Martin Malvy m'a contraint à lui montrer la qualité de ma plume. Je suis d'abord romancier et dramaturge mais parfois essayiste. Je n'ai pas trouvé le sujet très intéressant. Et la lecture de son livre fut même fatigante.

11

Qu'est-ce que la déontologie ?

Il existe un "*code de déontologie médicale*", un autre "*des agents de police municipale*", comme tant d'autres pour des professions. Un jour peut-être les femmes et les hommes politiques ratifieront également un code. Pour l'instant, ils doivent "simplement" respecter les lois comme l'ensemble de leurs compatriotes. Face à la difficulté à cerner le conflit d'intérêts, ce phénomène surgissant quand une fonction d'intérêt général permet d'obtenir de nombreux avantages personnels, seule la prise illégale d'intérêts s'aborde en délit.

Pour l'instant le conflit d'intérêts suscite donc plus de réactions morales que juridiques.
Gilson, dans *l'Esprit de la philosophie médiévale*, notait « *Pour Aristote, il existe assurément une déontologie ; il y a des choses qu'il "faut" faire...* » Je me situe donc sur les devoirs, d'un point de vue moral. Dans l'acceptation didactique de la déontologie.
Je laisse aux juristes l'aspect "légal." Ici également, mon approche sera celle d'un écrivain, même si monsieur Malvy semble penser que mon statut m'interdit de me présenter ainsi devant son *Centre Régional des Lettres*.

Naturellement, un écrivain indépendant, c'est chiant, ça peut s'intéresser à des sujets qu'un écrivain inféodé aux éditeurs subventionnés par les politiques ne présentera jamais. Nul besoin d'interdire quand on tient les gens avec des subventions. Oui le monde culturel est malade des subventions. Elles étaient censées permettre aux artistes de vivre dignement, elles sont devenues des menottes. Vous imaginez ce genre d'essai publié chez *Privat* et présenté par "le grand quotidien régional" ?

La morale, la déontologie en politique ? Jusqu'où ?

En période de crise économique, les citoyens sont priés de ne pas embêter les politiques avec la morale et la déontologie : jugez-les sur les résultats ! Non ? (et en période d'euphorie, consommez, soyez heureux les yeux fermés)
On peut en France parler de morale chaque jour ou faut-il attendre que la coupe déborde vraiment, du genre le ministre chargé de lutter contre la fraude fiscale reconnaissant la pratiquer à grande échelle ?

Quand les fraudeurs réussissent à placer l'un des leurs à la tête du budget ! Ce n'est finalement guère surprenant dans un pays où le groupe Lagardère, premier groupe d'édition en France, peut s'honorer de publier la ministre de la Culture, dont la politique ne semble pas vouloir contrarier son éditeur à qui elle a plusieurs fois rendu hommage depuis son arrivée rue de Valois.

Ce livre était prêt quand finalement monsieur Jérôme Cahuzac a souhaité parler aux juges... il semblerait que l'existence de ce compte allait être officiellement révélé... ces aveux n'auraient même pas été un remord moral si le quotidien helvétique *Le Temps* dit vrai en prétendant que les avocats de l'ex-ministre avaient été informés des résultats de l'enquête judiciaire menée en Suisse, établissant l'existence du compte de Jérôme Cahuzac lors de perquisitions à la banque UBS et chez Reyl et Cie, "une société".

Le 2 avril, François Hollande, dans un communiqué, notait que Jérôme Cahuzac "*a commis une impardonnable faute*

13

morale." Dominique Quinio de *La Croix* remarqua que rien ne changera vraiment si ceux qui « *accèdent aux responsabilités politiques n'exercent pas leur mission, leur mandat, avec droiture et rigueur morale. Oui, morale.* »

Oui, je peux parler de morale ! Nous avons encore le droit en France. J'irai même jusqu'à la déontologie, donc.

Quant à François Bayrou, il résume... et j'espère qu'il a raison, que les françaises et les français ne se contenteront pas de huer le mouton noir mais se révolteront contre l'oligarchie. Car monsieur Cahuzac dont le PS ne semble plus vouloir n'a jamais été, comme bien d'autres, de gauche, selon mes critères. Ni de droite ! Oui, j'espère monsieur Bayrou que « *les dégâts sont considérables et dévastateurs pour le monde politique français.* »

Martin Malvy et la Dépêche du Midi

Dans *l'Express* du 19 octobre 2011, avec en couverture « *le vrai pouvoir de La Dépêche du Midi* » et une photo de M. Jean-Michel Baylet, un constat de M. Jacques Briat résume en exergue « *Si l'information n'est pas dans* La Dépêche*, elle n'existe pas, ce sont les avantages d'un monopole.* » Il parle de la vie dans notre région.

Le patron de *la Dépêche du Midi* est également Président du Conseil Général du Tarn-et-Garonne, département où il a introduit Sylvia Pinel, passée de chef de son cabinet à candidate aux législatives "encouragée" par la *Dépêche du Midi*, puis ministre, un homme apparemment également inamovible à la tête du PRG, Parti Radical de Gauche, partenaire du PS dans la « liste Malvy » dès le premier tour en 2010 (avec même comme tête de liste en Tarn-et-Garonne, Madame Sylvia Pinel)

Néanmoins, il est impératif de rappeler une délibération du Conseil Constitutionnel pour l'opposer à toute personne suffisamment inconsciente pour oser déplorer un problème démocratique dans la région : « *Considérant que la presse écrite est libre de rendre compte, comme elle l'entend, de la campagne des différents candidats comme de prendre position en faveur de l'un d'eux ; que, dès lors, le grief tiré de ce que La Dépêche du Midi aurait apporté son soutien à la candidate élue et n'aurait pas évoqué la campagne du requérant doit être écarté.* »
Même la plus haute juridiction conforte ce système donc, à genoux !

Une requête d'un "mauvais perdant" après les législatives

2007, quand M. Jacques Briat déposa un recours devant le Conseil Constitutionnel. (j'ai repris en détail cette procédure dans "*Golfech, c'est beau un village prospère à l'ombre d'une centrale nucléaire - Visite au pays de Jean-Michel Baylet et Sylvia Pinel*")

M. Malvy Martin débuta sa carrière politique tout en suivant la campagne pour la *Dépêche du Midi*. Il était journaliste. Ce qui, selon lui, n'a jamais posé le moindre problème.

M. Martin Malvy et la *Dépêche du Midi*, une longue histoire d'amour : « *J'ai d'ailleurs essayé très vite, dès mon bac en poche, d'entrer à la* Dépêche du Midi, *tout en poursuivant mes études. Jean Baylet nous a bien reçus, mon père et moi, mais m'a conseillé de ne pas me montrer aussi pressé : « je veux bien vous accueillir, mais faites vos études d'abord, c'est plus sérieux. »* »

Quant à son entrée en politique, candidat aux législatives de 1968, jeune journaliste à la *Dépêche du Midi* il prétend avoir exprimé des réticences... mais Denis Forestier « *levait la séance en me lançant ainsi qu'aux autres : « viens, on y va. » Comme je lui demandais où, il me répondit : « tu verras. » Ce n'est que dans la voiture qu'il me dit : « on va à Valence-d'Agen. J'ai appelé Évelyne-Jean Baylet. Elle nous attend. » Veuve de Jean Baylet, elle avait pris les rênes de La Dépêche qu'elle tenait avec autorité. J'ai toujours eu de l'admiration pour cette femme, agrégée de français et latin, qui n'a eu de cesse de respecter et de perpétuer la ligne politique de La Dépêche du Midi (...) Voilà comment je me suis lancé en politique.* »
Est-il utile de commenter ? Adoubé par la grande prêtresse

du radicalisme ! Si j'avais raconté ainsi on aurait pu croire que je le chargeais ! Mais cigarettes et whiskies et monsieur Malvy balance, dans son "œuvre" de 2010... « *La ligne politique de La Dépêche du Midi* » ne doit pas s'extrapoler en "journal politique." Nuances. Néanmoins il existe bien une « *ligne politique de La Dépêche du Midi.* » Selon Martin Malvy qui s'y connaît sur ce sujet.

Le père, la mère, et le fils, toujours connu sous le sobriquet de « *veau sous la mère* » chez les "jaloux", ces mauvaises langues de notre région (qui malheureusement, dans l'isoloir, votent très souvent avec habitude et fatalisme) : « *Jean-Michel Baylet avec qui j'entretiens des relations amicales et politiques depuis longtemps avait été l'un des premiers à me pousser à me représenter* » (en 2010) Sûrement n'a-t-il jamais eu à s'en plaindre ! (quelle part du budget communication à la Dépêche ?)

Un sublime passage d'anthologie sur le cumul journaliste à *la Dépêche* de Cahors et homme politique du Lot : « *Quand je suis devenu chef d'agence à Cahors, j'ai essayé de m'en tenir, autant que faire se peut, à une certaine neutralité dans le traitement des campagnes électorales. Si mes souvenirs sont bons, quand j'accordais cent lignes à Bernard Pons, je m'en accordais le même nombre. À la réflexion, je me demande si c'est tout à fait exact. Ce dont je suis sûr, c'est que je n'étais pas mieux traité que les autres candidats de gauche dans la région.* »
Ce dont nous devons être sûrs, c'est qu'il traitait aussi bien les autres candidats **de gauche** de la région que lui... Un jeune journaliste doit faire ses preuves... (d'un total dévouement à « *la ligne politique* » ?)
Mais il y a une chute, une relance des journalistes. Et elle mérite son kilo de truffes.

« - *Vos adversaires n'ont jamais mis en avant cette double casquette ?*

- Non, cela n'a jamais été un argument de la droite dans le département. »

Vais-je chercher une rime à truffes ? Vu sous un certain angle, il a raison : qu'il soit ou non journaliste à leur *Dépêche* n'y changeait pas grand chose car comme il le déclara « *Ce dont je suis sûr, c'est que je n'étais pas mieux traité que les autres candidats de gauche dans la région.* » Il n'était qu'un pion du grand échiquier de cette gauche, la droite aurait "frappé sur sa double casquette" que ça n'y aurait rien changé ! Le problème n'était nullement le jeune Malvy mais le système de cette gauche avec la ligne politique de leur Dépêche omniprésente. Le Lot, terre des clans... A ce sujet, toujours du Martin pur whisky (voir l'analyse de son œuvre 2010 au sujet de cette référence au whisky, nullement une rime facile et inutile) « *ceux qui accusent les autres de clientélisme sont souvent ceux qui n'ont pas réussi à être élu ou réélus. Faire de la politique, c'est être à l'écoute et, par définition, chercher à rendre service.* » La justice, l'équité, l'intérêt général, non, ce ne sont plus des valeurs de gauche ? Seulement de la gauche avant le whisky, en campagne, derrière un micro, qui promet « le changement c'est maintenant » ?

Tout système mafieux repose sur le clientélisme. Tout clientélisme finit en système mafieux ? J'ai de la démocratie une autre exigence que celle de rendre service aux copains, aux coquins et compagnie. Les copains d'abord...

M. Malvy Martin ose même « *Il y a du service public dans la presse régionale.* » Mais quand faire de la politique consiste à rendre service, le service public n'est sûrement pas au service de l'ensemble du public.

Il me revient une phrase de Michel Polac « *la presse de province, qui est complètement soumise au pouvoir des notables et des industriels locaux* » *Charlie Hebdo*, 12 mars 2003. Hervé Bourges (ancien président du CSA), interrogé par Jacques Chancel (émission diffusée le 27 mars 2005), le résumait autrement : « *la presse régionale, qui est une presse indispensable, cette presse dite de proximité. Mais n'a-t-elle pas beaucoup vieilli ? N'est-elle pas une presse encore trop de connivence par rapport aux responsables politiques, économiques, sociaux, culturels, disons de la région.* »

Presque en conclusion (page 219) M. Martin Malvy pense « *je me suis dit qu'il s'était effectivement créé entre les Midi-Pyrénéens et moi une relation particulière.* » Mais je doute qu'il s'en avoue un jour la réelle particularité : selon moi, une forme de fatalisme, plutôt lui que Jean-Michel Baylet. Est-ce que Dominique Baudis regrette de ne pas s'être impliqué dans la région ? Il semble avoir été le seul qui aurait pu nous épargner ces trois mandats... 2015, réveillez-vous !

Oui, d'après ces propos de monsieur Malvy, ma vieille impression de non lecteur (seulement quelques exemplaires reçus en "offre gratuite" à mon arrivée dans le Lot puis d'autres récupérés dans les poubelles, rapidement remis à leur place et des articles en ligne signalés par google) semble confirmée : la *Dépêche du midi* serait bien un quotidien politiquement engagé au service de l'idée que se fait la famille Baylet de la gauche.
Les liens entre la presse et la politique me semblent relever du risque de conflits d'intérêts. La presse d'information peut-elle tenir son rang de quatrième

pouvoir quand elle suit une « ligne politique » ? Cette presse doit-elle être soutenue par la collectivité comme presse d'information ? Ou s'inscrire dans la presse également utile mais différente, "la presse politique" ?

Je doute que M. Hollande empoigne ce dossier. Le problème avec ce quotidien me semble relever du mélange des genres, susceptible de ne pas toujours être bien compris par les électrices et électeurs.

Affaire du directeur de cabinet de M. Malvy stoppé dans son élan vers la télé toulousaine par l'avis de la commission de déontologie de la fonction publique

Philippe Joachim, directeur de cabinet de Martin Malvy, devait devenir début 2013 le nouveau PDG de Tele Toulouse (TLT).
Mais la commission de déontologie de la fonction publique a émis un avis négatif.

Cette commission de déontologie aurait donc considéré qu'il y a incompatibilité quand on est directeur de cabinet du Président du Conseil Régional à devenir PDG d'une télévision locale où il avait été nommé par le conseil d'administration de la chaîne, le 20 décembre 2012.

Le Conseil Régional venait d'octroyer 1,5 million d'euros à TLT (ce qui semble ne pas plaire à France 3 !) avec comme « *contrat d'objectifs* » une extension de la zone de diffusion et des contenus plus régionaux... *Dépêche du Midi + TLT*, un bon maillage de la carte et du territoire. Malgré la "faillite morale" de la gauche, le sud-ouest pouvait espérer résister lors des prochaines consultations.

Comment croire qu'il y aurait travaillé en toute impartialité, sans même une petite "complaisance" ? Est-ce du conflit d'intérêts ?

Pierre Cohen, Maire de Toulouse, soutenait également cette nomination. Naturellement !

Publication chez Privat, éditeur toulousain

Alors que M. Malvy publie un livre chez *Privat*, il serait bon d'être certain que cette maison d'édition toulousaine n'a jamais bénéficié d'argent de la région.

Malheureusement, la destination des sommes du *Centre régional des Lettres* dans son versant soutien aux éditeurs et libraires n'est pas disponible sur leur site. Et peu importe le sujet, au CRL nul ne semble autorisé à me répondre (ou naturellement manque de temps ou mes questions ne sont pas intéressantes...).

La maison d'édition *Privat* appartenant à la galaxie du mastodonte pharmaceutique *Pierre Fabre*, également répertorié à 6% du capital du groupe la *Dépêche*, sa santé financière ne semble pas devoir bénéficier d'argent public, qui plus est dans une région où les écrivains pauvres ne peuvent prétendre aux bourses d'auteurs quand ils ont choisi d'être indépendants, en profession libérale.

Selon leur site :
« *Créées à Toulouse en 1839, les Éditions Privat restent une des très rares maisons d'édition françaises à rayonnement national à n'être pas située à Paris. Elles ont été achetées par les Laboratoires Pierre Fabre en 1995.* »

L'argent aux éditeurs de la région Midi-Pyrénées

En 2002, le budget annuel du *Centre Régional des Lettres* était noté sur leur site : près de 4 millions de Francs. Désormais, plus un chiffre ! Il est vrai que depuis cette époque les frais de personnel ont explosé, avec six salariés à temps plein alors qu'en 2002, une femme très aimable mais sans responsabilité, semblait seule gérer "la boutique", en intérim « *depuis trois ans... on ne me demande pas mon avis... je fais tourner mais je n'ai aucun pouvoir de direction.* » Six salariés, sûrement très occupés... Quel coût mensuel ? Sûrement plus de 20 000 euros. Des charges de personnel énormes, comparées au service effectif à la culture rendu.

Même le budget global de l'aide aux éditeurs n'est pas communiqué, néanmoins le "*Rapport d'activité & Rapport financier 2011*" au niveau des organismes associés, le "IV CENTRE REGIONAL DES LETTRES (CRL)" note quelques informations dont un regard sur le salon du livre de Paris qui a le grand mérite d'énoncer un bilan mais sans en tirer les bonnes conclusions !

« *A partir de cette année, la décision a été prise en concertation avec la Région Midi-Pyrénées de ne pas avoir de stand collectif régional au Salon du Livre de Paris : coûts trop élevés, bilans très contrastés des éditeurs, avenir incertain du Salon. Par contre, pour permettre aux maisons d'édition de se rendre à des salons, foires du livre ou manifestations littéraires hors région ou à l'étranger (Salon du Livre de Paris compris), le dispositif d'aide aux déplacements hors région a été renforcé. Vingt et une maisons d'édition régionales ont ainsi été aidées pour un montant global de 46 637 euros.* »

Certes 46 637 euros octroyés aux éditeurs (uniquement dans le dispositif des aides aux déplacements), c'est peu face aux salaires annuels mais énormes par rapport au rien de l'auteur-éditeur. L'argent de la distorsion de concurrence.

Sur le site du CRL, à la page "*Soutenir la création et la chaîne du livre*" figure toujours en 2013 :
« *2. Editeurs : présence à Vivons Livres ! Salon du livre Midi-Pyrénées, aides aux déplacements hors région (entre autres le Salon du livre de Paris), aides à la fabrication et à la traduction, toutes versées par la Région Midi-Pyrénées.*»

Est-ce totalement incohérent ?
Naturellement, il existe toujours une logique dans les politiques de ce genre d'organismes. Mais comme elle n'est pas clairement énoncée, le chroniqueur indépendant doit émettre des hypothèses. La disparition du « *stand collectif régional au Salon du Livre de Paris* » où de nombreuses petites structures semblaient pouvoir prendre place, au profit d'une aide aux déplacements... donc des structures qui ont les moyens de se déplacer ?... Ne serait-ce pas un moyen d'éviter que de petits éditeurs "insignifiants" saisissent l'occasion pour essayer de se montrer ? Donc une volonté de limiter aux plus grosses structures les aides pour le salon du livre de Paris ? J'aimerais naturellement obtenir des réponses de M. Malvy Martin sur ce sujet...
Par exemple, les *éditions Privat* ont participé au salon du livre de Paris 2013. Quelle aide ont-ils reçu ? Mystère !

J'ai "naturellement" toujours dénoncé cet argent public

dilapidé pour permettre à certain(e)s un séjour parisien. Mais pas un mot sur les responsables de cette erreur ni sur le coût total ! Juste : « *A partir de cette année, la décision a été prise en concertation avec la Région Midi-Pyrénées de ne pas avoir de stand collectif régional au Salon du Livre de Paris : coûts trop élevés.* » Il faudrait sûrement les en féliciter... Mais comme remarqué, aucune économie : une autre répartition des sommes. Et les erreurs d'hier (puis-je appeler cela erreur ou dois-je simplement féliciter la décision) n'empêchent nullement monsieur Malvy de justifier sa politique actuelle d'exclusion des travailleurs indépendants de toutes possibilité d'accès aux bourses publiques alors qu'éditeurs "traditionnels" et libraires "traditionnels" bénéficient d'abondantes aides (les déplacements ne sont qu'un exemple, le seul chiffré déniché), tout comme les écrivains inféodés à ce système. Le montant des bourses et le nom des auteurs qui ont bénéficié d'aides, sont notés sur leur site. Etonnant, non ? L'argent aux auteurs doit être mis en avant, tandis que celui aux libraires et éditeurs se transmet discrètement... La discrétion est essentielle dans nos métiers, comme susurrait peut-être monsieur Cahuzac !

Il semblerait étonnant que les éditions *Privat* n'aient bénéficié d'aucune aide depuis l'entrée en fonction de M. Malvy, alors qu'elles répondent aux critères d'attributions (même consultées pour les définir !) et participent activement à la vie du CRL.
Leur présence au salon "*Vivons Livres !*" est avérée, ce qui constitue indéniablement un soutien à leur activité. Alors qu'il me fut répondu « *Votre qualité d'auteur-éditeur ne nous permet pas de vous intégrer à ce Salon, qui est limité aux éditeurs professionnels de Midi-Pyrénées.* »

Liens éditions Privat - Dépêche du Midi

Les liens entre les éditions *Privat* et leur *Dépêche du Midi* sont d'abord capitalistiques même si l'on peut considérer "dérisoire" une participation de 6% mais selon l'*Express* (octobre 2011) Pierre Fabre figure au rang des administrateurs du groupe *la Dépêche* ou de l'*Occitane de communication*... les informations sont floues et rares ! Mais peu importe finalement...

Les publications des éditions *Privat* sont-elles systématiquement présentées dans leur *Dépêche du Midi ?* Je n'ai lu sous l'article consacré à monsieur Malvy aucune mise en garde du genre "attention, actionnaire commun entre les parties en présence." Non, ce genre de précision n'est pas nécessaire dans un pays où les journalistes sont libres d'écrire sur Ternoise comme sur Malvy ? Si ceux de la *Dépêche du Midi* préfèrent présenter à leur fidèle lectorat les œuvres du Président du Conseil Régional et ignorer les miennes, c'est leur choix de presse libre et indépendante, que je me permets néanmoins de signaler, ès chroniqueur vraiment indépendant.

Jean-Nicolas Baylet, le fils de Jean-Michel, devenu en janvier 2011 (à 26 ans) directeur délégué auprès de la direction générale du groupe, son numéro 3 (après son père et Bernard Maffre), revenait alors d'une année en Argentine... les voyages forment la jeunesse... dans une filiale du groupe pharmaceutique Pierre Fabre...

On habitue les enfants à côtoyer les partenaires. Cela vous rappelle Martin amené par son père chez Jean ? On se connaît, on aide les enfants à "entrer dans la vie active." Les héritiers.

J'ai sous les yeux "*Vivre en Quercy*", d'André Gaubert, emprunté à la bibliothèque, publié justement chez Privat. En bas de la quatrième de couverture, le logo *Editions Privat* et celui de *La Dépêche du Midi*. Le copyright est pourtant uniquement celui des éditions Privat donc la co-édition est exclue. Un partenariat ?

Pour décoincer la France : Décentralisons !

Auteur : Martin Malvy et Nicolas Bouzou.
96 pages.
Editeur : Privat.

6,90 euros.
Prix Amazon : 6,55 euros.
Où le livre fut annoncé pour le 25 mars 2013.

Mais il semble que la version numérique soit sortie le 28 mars, à 3,49 euros. Pour du papier le 5 avril.
Peut-être un retard d'imprimerie qui devrait permettre à monsieur Malvy de mieux comprendre les possibilités et facilités du numérique. Mais sur ce sujet, il semble préférer d'autres interlocuteurs que moi.

Le premier article en ligne est signé « S.B » et sobrement intitulé : « *Malvy : la décentralisation pour « décoincer» la France* ». Du 26 mars 2013, dans le versant « économie. »

Si sur le terme du diagnostic nous pourrions être d'accord, je suis bien certain qu'il ne s'agit pas pour le co-auteur d'admettre que notre France est coincée par des gens comme lui, par une oligarchie. Comme je lui ai signalé par courrier, je partage le résumé d'Emmanuel Todd : « *la vérité de cette période n'est pas que l'État est impuissant, mais qu'il est au service de l'oligarchie.* »
La question de décentraliser ou non, un peu plus ou un peu moins, n'est donc qu'un amusement de la galerie pour ne pas aborder le vrai problème. Monsieur Malvy peut prétendre apporter des solutions, il se situe dans les « variables d'ajustements » d'une société gangrénée par l'arrogance et la fatuité de ses installés qui considèrent la République à leur service tout en se prétendant au service de la République quand ils s'adonnent à la politique.

L'introduction est surprenante, intéressante : « *le républicain Martin Malvy, et l'économiste libéral Nicolas Bouzou, ont co-écrit un livre sur les enjeux de la décentralisation.* »
Le républicain, plutôt que le Président du Conseil Régional, le socialiste, le figeacois, le politique.

Le journaliste nous apprend que ce livre est « *dédié à François Hollande.* » Il en a bien besoin actuellement ! Mais attention « *Il ne s'agit ni d'un pamphlet, ni d'un texte de loi, ni du procès d'une décentralisation qui, depuis les lois Defferre, a tendance à « balbutier». Cet entretien entre un élu républicain et un économiste libéral, animés par des affinités intellectuelles communes, éclaire le constat d'une France en crise, coincée dans ses vieux habits centralisateurs qui l'empêchent de se mouvoir, qui asphyxient son économie, et avance des solutions fondées sur le principe de la proximité. »*

Encore un livre d'entretiens ! Je m'attends au pire. La manière dont il fut réalisé n'est pas notée. Peut-être également lors de dimanches cigarettes et whiskies ?

Mais quand Martin Malvy écrit, selon S.B, qui veut sûrement montrer qu'il a lu ce livre et ne s'est pas contenté d'interroger un co-auteur « *Il faut franchir ce cap du pilotage de l'économie par les régions* », là non. Ne l'écoutez pas, monsieur le Président. Il serait du devoir de l'interviewer de le contredire, en exposant le risque de créer des "petites baronnies incontrôlables." Mais ce ne fut pas le cas.

Leur approche leur semble essentielle : « *Il en va de « l'intérêt national» affirment les deux auteurs.* » Donc finalement, un « *économiste libéral* » et un « *républicain Martin Malvy* » pensent d'une manière similaire. Le livre d'une oligarchie ? Est-ce qu'au sujet de l'édition Nicolas Bouzou pense également comme Martin Malvy qu'il est indispensable de marginaliser au maximum les indépendants pour bien montrer aux auteurs que leur place se situe sous le giron des grands groupes ? (monsieur Martin Malvy, grand humaniste ne pense pas cela ? En tout cas sa politique c'est cela et la réponse à ma lettre du 16 janvier ne laisse pointer aucune lueur d'espoir)

Nicolas Bouzou ? Encore jeune (né en 1976), diplômé en économie de l'université Paris X Nanterre et Mastère de Finance, de Sciences Po Paris, passé par l'institut de prévisions Xerfi (il en fut l'analyste en chef) avant de créer sa propre entreprise, Asterès, société d'analyse économique et financière. Maître de conférences à Sciences Po Paris, directeur des études à la Law & Management School de Paris II Assas, Vice-président du Cercle Turgot (je ne cherche pas à savoir ce que c'est !), chroniqueur sur plusieurs chaînes de télévision et de radio, directeur de la collection « Le capitalisme en mouvement » chez Eyrolles. Ouais, quelqu'un qui compte désormais, dans le microcosme de l'oligarchie !

Pour les deux, la publication de cet "entretien" doit être considérée gratifiante. Ce livre fut réalisé en une seule journée, un entretien ? Quand on sait que le précédent Malvy, nettement plus épais (256 pages) fut plié en 7-8 dimanches cigarettes et whisky (voir chapitre suivant), une journée d'entretien est imaginable pour un résultat de 96 pages desquelles il convient naturellement d'ôter les présentations d'usage, ce qui présage d'une longueur hesselienne du texte. Évidemment, la longueur n'est pas un critère de qualité mais consacrer du vrai temps à une œuvre me semble nécessaire... même ce texte fut imprimé trois fois et retravaillé durant des jours... (même s'il s'agit d'un "livre vite fait" ! mon sixième roman aura nécessité quatre années de travail)

Lecture "*Des racines, des combats et des rêves*" du même auteur en 2010

En avril 2010, Anicet Le Pors avait publié un ouvrage dont la présentation laisse présager qu'il s'agit d'une approche similaire :
Les racines et les rêves, avec Jean-François Bège, spécifié interviewer. « *Proche de Georges Marchais, écouté par François Mitterrand, Anicet Le Pors retrace sa carrière et analyse avec rigueur les causes du déclin du communisme et les insuffisances du débat politique actuel.* »

"*Des racines, des combats et des rêves*" de Martin Malvy, entretiens avec Jean-Christophe Giesbert et Marc Teynier, fut publié le 7 octobre 2010, par Michel Lafon, à ne pas confondre avec Robert Laffont.

Je l'ai acheté 2 euros 10 sur priceminister. Plus 2 euros 80 de frais d'envoi. Avoir déboursé 4 euros 90 me semble encore nettement trop pour un tel contenu. Prix éditeur : 17,50 euros. Il n'existe pas de version numérique sur les principales plateformes.
Certes, j'abordais ces pages sans illusion ! Je savais bien qu'il ne fallait pas y espérer une "version politique" de l'entretien entre Jean-François Revel et Matthieu Ricard, "*Le moine et le philosophe.*" Encore moins à une "variation" des entretiens de Sénèque. J'avais même consulté des articles de leur *Dépêche*, en ligne naturellement. Dont celui relatant le déplacement à la librairie *Surre* de Foix, de "l'auteur." Après des banalités, le dernier paragraphe est une aubaine pour le vilain chroniqueur non thuriféraire :

"Pourquoi ce livre ?

C'est Jean-Christophe Giesbert et Marc Teynier qui lui ont proposé l'idée de faire ce livre. « Ancien journaliste, j'ai toujours envie d'écrire. Mais j'en ai rarement le temps », explique-t-il. « Nous avons fixé un rendez-vous en fin d'après-midi un dimanche. Après le premier, je ne pouvais pas arrêter. Nous nous sommes donc vus 7 à 8 dimanches. J'ai répondu à leur question en fumant des cigarettes et en buvant du whisky. On a passé des bons moments »."
signé : *E.D.*

Quel éclairage ! 7 à 8 dimanches pour réaliser un livre ! Et vous noterez le singulier : *« J'ai répondu à leur question ».*

Quant à la suite de cette phase : *« en fumant des cigarettes et en buvant du whisky. »* Il ne s'agit, semble-t-il, pas de se donner, pour le président de notre région, une auréole gainsbardique ! Le prétendu dilettantisme se doit d'assumer dans l'art. Chez l'auteur compositeur interprète, naturellement, il se serait agi d'une provocation... comme quand il racontait entrer en studio sans préparation et improviser... un jeu... ses proches ont d'ailleurs retrouvé à son décès de nombreux carnets raturés où il travaillait ses textes...

Ils ont passé de bons moments ! Comme le notent d'ailleurs les journalistes en avant-propos, même s'ils préfèrent spécifier *« une dizaine de dimanches après-midi. »* Petite dizaine donc ! C'est peut-être leur plaisir mais pour moi c'eut été des conditions de travail inacceptables « *dans les volutes de cigarettes que cette force de la nature fume à la chaîne.*» Salut monsieur Bashung... *vos luttes partent en fumées...* (*Sous les yeux embués / D'étranges libellules*) Naturellement, s'il n'y avait pas eu cette opportunité d'acheter à un tarif décent, jamais je n'aurais eu entre les mains cet ouvrage. Donc en quelques heures ce fut lu. Avec un crayon pour annoter. Impression générale : oui, ça doit être ça, sept ou huit courts rendez-vous retranscrits, du bâclé, sans le moindre travail littéraire.

Dès la quatrième de couverture des remarques fusent. La présentation me semble manquer d'impartialité malgré une approche journalistique : « *En mars 2010, Martin Malvy a été le président de région le mieux élu de France avec près de 70 % des voix. C'est dire que sa vision de la chose publique n'a pas séduit que les électeurs socialistes. Et c'est en cela que ce livre nous concerne tous.* »
Aux élections régionales 2010 la liste conduite par Martin Malvy l'emporta certes amplement sur celle de Brigitte Bareges avec 67,77% des votants, soit 35% des inscrits.
Relativisons donc le « *sa vision de la chose publique n'a pas séduit que les électeurs socialistes* » en ajoutant également qu'il s'agissait d'une liste dite de large union de la gauche, avec Martin Malvy (PS-PRG-MRC), rejoint par Gérard Onesta (Europe Ecologie) et Christian Picquet (Front de gauche).
Brigitte Barèges s'était déclarée prête à s'allier aux écologistes, dont les 13,46% au premier tour ont évidemment compté dans « la vague malviste. » Des écologistes apparemment satisfaits d'avoir obtenu de bonnes places ! Et ensuite ils s'étonnent d'être considérés comme des béni-oui-oui du PS ! [ah, un véritable

mouvement écologiste dans le sud-ouest... autre sujet...] Il faut reconnaître à M. Malvy un réel talent de négociateur.

Sur la photo ni verre ni bouteille de whisky, pas même une cigarette au bec ni un cendrier : Jean-Christophe Giesbert et Marc Teynier, vestes noires sur chemises blanches ouvertes, couvent des yeux Martin Malvy au centre, trois hommes assis derrière une table ovale en verre dans un bureau. Néanmoins, il a beau hausser les épaules, l'effet d'optique est ravageur du vieux petit homme entouré des jeunes balaises pourtant pendus à ses lèvres. Certes, c'est sûrement plus présentable que cigarettes et whiskies.

Suivant (forcément, malheureusement !) depuis quelques années monsieur Malvy, je ressens un "léger malaise" en lisant la dédicace : « *à mes petits-enfants, Louis-Jean et Simon.* » Non qu'un homme de cet âge tienne à présenter sa descendance mais ce prénom, "Louis-Jean"... celui du grand-père du président du Conseil Régional, dont j'ai une très mauvaise opinion. J'espère à cet instant que l'adjoint au maire de Figeac exposera précisément sa position, avec de nombreuses "réticences" par rapport à cet ascendant condamné par la Haute-Cour de justice le 6 août 1918 (ès qualité de ministre de l'intérieur de 1914 à 1917) à 5 ans de bannissement, mais ne s'arrêtant pas là, redevenant député (et même éphémère ministre) et soutenant les accords de Munich (entre Hitler et Daladier) puis votant le 10 juillet 1940 à Vichy les pleins pouvoirs au Maréchal Pétain. Frappé d'indignité nationale et inéligibilité pour 10 ans en 1945, il est mort en 1949. Son petit-fils Martin avait 13 ans.

Nul n'est coupable des fautes de ses ancêtres. Mais quand on souhaite "réhabiliter" la mémoire d'un tel personnage, il serait préférable que l'ensemble des électeurs le sachent et connaissent d'autres versions que celle du petit-fils.

35

1918 ? La faute à Clemenceau ! Et à une Haute-Cour soucieuse de lui plaire ! (dès la page 19, les racines). Qui plus est « *il y a deux ans, l'historien Jean-Yves Le Naour a consacré un ouvrage à cet épisode de la IIIe République. Il l'a intitulé* L'Affaire Malvy, le Dreyfus de la Grande Guerre. *Tout est dans le titre.* » Le « *tout est dans le titre* » peut-il signifier que le contenu est vide ? Je l'ignore, lire ce probable plaidoyer ne me semble pas prioritaire tant diverge l'analyse de Martin et "l'information officielle." D'ailleurs sa grand-mère « *vouait une haine sans borne à Clemenceau.* » Quel argument !

Martin Malvy raconte sa jeunesse, la guerre, au « *château de Croze* » chez la sœur de sa grand-mère... sa grande bagarre à onze ans, en sixième contre le condisciple qui osa lui balancer « *après tout, tu n'es que le petit-fils d'un traître.* »

Mais si la condamnation de 1918 est vaillamment défendue dans cet ouvrage, celle de 1945, les bons journalistes n'ont sûrement pas eu le temps (ou la lucidité ! whiskies...) de la rappeler. Pourtant, monsieur Malvy y prêta le flan en répondant, pour 1918 : « *les sénateurs étaient à ce point mal à l'aise avec cette condamnation qu'ils ne l'avaient pas déchu de ses droits civiques et qu'il était toujours député.* »

Donc le lecteur ignorant 1945 doit considérer l'apostrophe « *petit-fils d'un traître* » liée à 1918. Non ? Cette partie, je l'ai lue avec attention... aucune trace de l'indignité nationale et inéligibilité de 1945, et nulle réticence sur Marcel Peyrouton (2 juillet 1887 - le 6 novembre 1983), qui participa au gouvernement de Vichy sous l'Occupation, pourtant son propre oncle par alliance, qui épousa Paulette Malvy (fille de Louis-Jean Malvy) le 15 mai 1929.

Avec son nom en gras en haut de ce livre, qu'il est même allé dédicacer en librairies, monsieur Malvy ne me semble pas très bien placé pour juger les écrivains. Qui plus est sans les lire.

Dans "*Contrairement à Gérard Depardieu, dois-je quitter la France ? Exil littéraire au Burkina Faso pour les écrivains ?*" sont détaillées mes relations avec le CRL depuis l'époque Alain Bénéteau jusqu'à l'actuel Michel Perez, président de cette « *association* » financée à 70% par la région (le reste semblant provenir de l'état via la DRAC).

Même s'il ne l'a pas signée, "sa" réponse du 13 février 2013 est suffisamment précise pour en conclure que M. Malvy a orienté la politique du livre depuis son élection à la tête de la région (1998) et qu'il l'assume sans chercher à biaiser avec des notions de "délégations." Ce qui a le mérite de la clarté.

Sans cette réponse, lui imputer cette politique aurait pu susciter des réactions du genre "monsieur Malvy a toujours délégué cette politique culturelle à l'élu Président du CRL." Il est possible que ces hommes aient pensé qu'après une telle réponse je "retournerais à mes chères études" (chercher un éditeur genre Privat ou Lafont par exemple !) et ni monsieur Michel Perez ni monsieur Hervé Ferrage, son directeur, ne semblent décidés autorisés motivés (ou autre) à entamer un dialogue qui ne mènerait nulle part puisque ces gens-là peuvent se prévaloir de l'expertise de personnes considérées représentatives. Oui, il suffit de réunir des notables qui pensent à peu près la même chose pour prétendre s'être appuyé sur des experts et ainsi marginaliser les gens qui osent ne pas penser comme le chef.
Commissions et consultations, c'est ainsi qu'on noie le poisson, qu'on prend les gens pour des cons ! Le whisky

m'est imbuvable (comme je fuis les cigarettes) donc il faut chercher ailleurs cette soudaine dérive linguistique.

Monsieur Martin Malvy s'est imposé dans ma vie. Il en est devenu le symbole des blocages. Pourtant, il s'agit d'un « homme de gauche », selon la classification actuelle. Durant sa période de ministre du Budget, 1992 - 1993, quand le cumul des mandats suscitait peu de contestations, il était même également : conseiller général du Lot, conseiller régional Midi-Pyrénées, maire de Figeac.

Arrivé en 1996 dans le Lot, j'ai découvert Figeac le 26 avril 1998. Martin Malvy, député-maire local, ancien Ministre du Budget, signait l'édito de la douzième fête du livre. Mon nom ne figurait pas sur le programme, conformément au document qu'il m'avait fallu retourner, accompagné d'un chèque de 80 francs pour obtenir une demi-table.

Nous, les indépendants, étions à l'écart, face à la vraie fête, celle des Yvette Frontenac, Georges Coulonges, Colette Laussac, Michel Palis, Michel Peyramavre (selon le programme, Michel Peyramaure en réalité), Michel Cosemm, Didier Convard, Serge Ernst, Laurent Lolmède, Didier Savard, Andrée-France Baduel, Laurence Binet, Mohamed Grim, Christian Rudel, Amin Zaoui...

L'année suivante, j'ai refusé ce système. Je ne suis donc jamais retourné à ce salon.

Le 5 février 1998, j'ai renvoyé de Cahors le document idoine, complété, accompagné du chèque numéro 461996.

12ème fête du livre de Figeac.
25 Avril : 14H30 à 19H
26 Avril : 10h à 12H30
*   14H30 à 18H*

39

CONDITIONS D'INSCRIPTION DES AUTEURS INDEPENDANTS

- *Seuls les auteurs sont acceptés dans la limite des places disponibles, (ni libraires, ni éditeurs).*
- *Tous les frais inhérents à cette manifestation sont à la charge de l'acteur (transport, restauration, hébergement)*
- *Toute inscription devra s'accompagner d'un chèque à l'ordre de "Lire à Figeac".*
- *Une table maximum par auteur :*

* Lot : une table : 160Frs, une 1/2 table : 80Frs.
* Autres départements : une table : 320Frs, une 1/2 table : 160Frs.

- *L'auteur aura à charge d'amener ses ouvrages, un emplacement lui sera réservé.*
- *Le nom de l'auteur n'apparaîtra pas sur le programme.*
- *Le bénéfice de la vente de ses ouvrages lui reviendra en totalité.*
- *L'auteur devra se présenter à la Salle Balène, Quai Bessières, 13H30.*
 (l'ouverture au public se fera à 14H30)

Bulletin à remplir et à renvoyer à "LIRE A FIGEAC"
                    Boulevard Pasteur
                    46100 FIGEAC

Je reconnais avoir pris connaissance des conditions d'inscription et m'engage à les respecter.

La phrase "*seuls les auteurs sont acceptés dans la limite des places disponibles, (ni libraires, ni éditeurs)*" témoigne disons d'une imprécision dans la considération de cette activité, les auteurs indépendants, se trouvant être éditeurs, juridiquement.

Le 14-4-98 me fut envoyé de Figeac le programme *"Cultures et Droits de l'Homme"*, avec un petit mot manuscrit :

"Rendez-vous le samedi 25 Hôtel Balène (Quai Bessières)
vers 14 h.
A bientôt
DL"

Eh oui, on peut se gargariser des "Droits de l'Homme" et pratiquer l'ostracisme, la ghettoïsation, au quotidien.

Il s'agissait de ma première participation à un salon dans cette partie du Lot.

Ma jeunesse me permit quelques dialogues. Certains du genre « il faut guider le nouveau, lui expliquer les arcanes du métier, pour qu'il profite lui aussi de l'argent public, des bons repas, des hébergements... »

Nous entrerons dans la carrière quand nos aînés reposeront au cimetière.

Et quelques aveux : « - T'as payé 80 francs mais ce que je vois, c'est qu'à la fin de la journée, tu repartiras avec de l'argent. Tandis que moi j'aurais bien mangé, je dormirai à l'hôtel mais je ne toucherai pas un centime des ventes. Bien sûr, il me reviendra 10% (ou 5 suivant l'interlocuteur) de droits d'auteur dans un an (parfois : si d'ici là mon éditeur ne ferme pas boutique). Et de toute manière, je ne saurai jamais combien ils en vendent réellement, nous n'avons aucun moyen de vérifier les chiffres. »

Je résumais dans un carnet : « Ils sont nourris par les subventions mais un libraire s'engraisse avec leurs ventes. »

Le 16 avril 1998 Martin Malvy fut élu président du conseil

régional de Midi-Pyrénées. (il fut réélu le 2 avril 2004 puis le 26 mars 2010).

Lors de ce salon, je glanais quelques informations sur la politique du livre de la région. Certains attendaient des changements "maintenant qu'on est socialistes..."

Avant le lundi 7 janvier 2013, je n'avais jamais remis les pieds à Figeac. Dans quelques jours je publierai le récit photographique de cette journée. Je doute fortement de pouvoir réaliser le projet "pharaonique" de présenter les 340 communes du département lotois (comme annoncé sur http://www.communes.info et débuté avec Beauregard, Saillac, Montcuq, Cahors, Saint-Cirq-Lapopie).

En juin 2002, dans *Le Webzine Gratuit* (http://www.lewebzinegratuit.com l'une de mes créations dans le but de devenir un média faute d'accès aux plus connus, mensuel délaissé, surtout faute de temps, malgré plus de 80 000 abonnés), en guise d'interview du mois, ce fut : l'attachée de la direction fantôme et les attachées de direction du Président en réunion... Récit de la tentative d'instaurer un dialogue avec monsieur Alain Bénéteau. Un jour, par mail, il a daigné m'accorder une courte réponse, il souhaitait me rencontrer... « *pour débattre de cette question* »... Et m'accorda un « *nous ne pouvons probablement pas rester sur une situation non évolutive.* »

Avril 2011, communiqué de presse du CRL Midi-Pyrénées, par l'intermédiaire de monsieur Hervé Ferrage, son directeur.

Sobrement intitulé : "*LE NUMERIQUE ET LES MÉTIERS DU LIVRE*" ; la création d'un groupe de travail régional sur le livre numérique. Leur objectif : un livre blanc.

Intéressant ? Qui, dans ce groupe de travail ? Des « *professionnels du livre et de la lecture.* »

Deux membres de structures financées par la région Midi-Pyrénées : naturellement Hervé Ferrage, le directeur du CRL, dont l'approche pourrait ressembler à celle de Jean-Paul Lareng, directeur de l'ARDESI Toulouse (Ardesi, Agence Régionale pour le Développement de la Société de l'Information en Midi-Pyrénées, une association Loi 1901, créée et financée par la Région Midi-Pyrénées).

Quatre éditeurs : Patrick Abry, des *Editions Xiao Pan* de Figeac ; Marie-Françoise Dubois-Sacrispeyre, *Editions Erès* à Toulouse ; Philippe Terrancle, *Editions Privat* à Toulouse donc, et on peut classer Joël Faucilhon chez les éditeurs, représentant *Lekti-ecriture* d'Albi (organisme rassemblant 70 éditeurs indépendants selon leur site internet).

Trois libraires : Benoît Bougerol, président du Syndicat de la Librairie Française et directeur de *La Maison du Livre* de Rodez ; François-Xavier Schmitt, de *L'Autre Rive* à Toulouse ; Christian Thorel d'*Ombres Blanches* également de Toulouse.

Six représentants d'organismes publics au sens large : Michel Fauchié, de la Médiathèque José Cabanis à Toulouse, chargé des technologies numériques ; Marie-Hélène Cambos, des archives départementales de la Haute Garonne ; Frédéric Bost-Naimo, de la Médiathèque de Colomiers, noté "*bibliothécaire du secteur Musique*" ; Karine de Fenoyl, de la Médiathèque Municipale d'Albi, aussi responsable du secteur Musique ; Jean-Noël Soumy, conseiller pour le livre à la DRAC ; Sandrine Malotaux, directrice SCD de l'Institut national polytechnique de Toulouse.

Et un auteur, Xavier Malbreil, qui a donc accepté d'être "notre" représentant face à ces gens qui n'écrivent pas.

Mais que les notables se rassurent, l'auteur n'est pas un de ces indépendants qui essayent de vivre de leur plume contre lobbies et préjugés, il enseigne, serait même critique d'art numérique et enseignant à l'université de Toulouse II-Le Mirail, auteur d'un livre intitulé *La Face cachée du Net*, publié en 2008 chez *Omniscience*. Cursus léger pour représenter les écrivains face à un tel cénacle mais sûrement suffisant pour le rôle du "bon auteur".

Observer la liste de ces *"professionnels du livre et de la lecture"* est suffisant pour connaître les grandes lignes du livre blanc qu'ils présenteront sûrement comme un document essentiel, remis à monsieur Martin Malvy et validé comme la nouvelle ligne directrice de la politique de la région en faveur du livre.

Ils peuvent même annuler leurs réunions et se contenter du communiqué de presse, des deux points : « *le numérique est devenu un enjeu central"* et *"les pratiques des lecteurs et leurs évolutions dicteront leur loi.* »
Certes, ils confessaient immédiatement leur apriori en écrivant : « *les libraires indépendants lancent leur portail de la librairie indépendante, 1001libraires.com, et défendent leur rôle indispensable de médiateurs.* »

En mai 2012, il était noté : « *D'ici l'été 2012, le groupe de travail proposera un ensemble de recommandations sous la forme d'un livre blanc du numérique* ». Sans même nous fournir quelques-unes des grandes recommandations qui ne manqueront pas de révolutionner le secteur ! Depuis, rien de visible !

Le Centre Régional des Lettres Midi-Pyrénées, selon sa présentation officielle, se prétend au cœur de la politique du livre en région, « *plate-forme d'échanges, de débats et de partenariats entre acteurs de la chaîne du livre. Qu'il s'agisse de conseil, d'expertise, de financement ou de mise en réseau, le CRL accompagne auteurs, éditeurs, libraires et professionnels des établissements documentaires de la région Midi-Pyrénées dans leurs projets.* »

La page "*missions*" le prétend : « *à l'écoute de leurs préoccupations en un temps où la révolution numérique transforme en profondeur les métiers du livre.* »

Qu'entend le CRL par « *Soutenir la création et la chaîne du livre* » ?
La réalisation d'études et l'attribution d'aides "aux acteurs du livre."

Qui sont ces acteurs du livre ?

- *Auteurs : bourses d'écritures versées par le CRL pour favoriser la création littéraire en Midi-Pyrénées.*

- *Editeurs : présence à Vivons Livres ! Salon du livre Midi-Pyrénées, aides aux déplacements hors région (entre autres le Salon du livre de Paris), aides à la fabrication et à la traduction, toutes versées par la Région Midi-Pyrénées.*

- *Libraires : mise en place d'une politique d'aide à la librairie indépendante, financée majoritairement par la Région Midi-Pyrénées, avec le soutien de la DRAC.*

Oui des librairies sont aidées avec de l'argent public, à l'heure où la numérisation, le changement de modèle économique, devrait constituer la préoccupation majeure.

Dans les **critères d'attribution des bourses d'écriture 2013** (bourses de 8 000 €, ce qui me permettrait de tenir durant cette période intenable), les auteurs-éditeurs, même professionnels, sont exclus d'une phrase : « *l'auteur doit avoir publié au moins un livre à compte d'éditeur (sous forme imprimée).* »

Certes ne figure plus dans la rubrique « *Sont exclus :* » la phase « *l'auto-édition (éditions à compte d'auteur et éditions à compte d'auteur pratiquées par un éditeur professionnel).* » Oui, le professionnalisme du CRL alla jusqu'à donner cette définition de l'auto-édition !

Encore fin 2011 début 2012, je suis reparti au combat de la demande de bourse (c'est fatiguant ! mais il le faut parfois pour présenter des faits concrets, des réponses). Il arrive un moment où le comportement de ces gens qui se gargarisent de soutenir la culture devient insupportable. Je n'avais aucun espoir qu'une employée du CRL prendrait la décision de lire mes livres pour faire remonter cette honte de ghettoïser un auteur dans une démarche audacieuse d'indépendance... Un mur, que cette responsable du dossier des bourses du CRL... Dans l'optique de publier cet échange, je m'adressais donc à monsieur Malvy.

M. Malvy Martin, Président du Conseil Régional
CONSEIL REGIONAL MIDI-PYRENEES
22, boulevard du Maréchal-Juin
31406 Toulouse Cedex 9

Montcuq le 16 janvier 2013

Monsieur Martin Malvy,
Monsieur le Président de la Région Midi-Pyrénées où je vis depuis 1996,
Monsieur le Président d'une communauté de commune du département où j'ai choisi de vivre,

Je pense avoir écrit quelques textes corrects, et faire correctement mon boulot d'écrivain, mériter ainsi un minimum de respect. Romans, essais, pièces de théâtre (certaines traduites en anglais et allemand), textes de chansons. Mes photos intéressent également, un peu.

Pourtant, quand je lis vos modalités d'attribution des bourses du CRL, je me sens insulté. Minable, l'écrivain indépendant qui souhaite vivre en modeste artisan de la plume, sans passer par les grandes fortunes de France, Gallimard, Lagardère, Esménard ou de La Martinière ? Minable, que d'être une profession libérale, auteur-éditeur ?

Vous avez choisi de mener une politique de soutien aux écrivains inféodés à ces groupes et aux libraires, qui vendent les produits de ces industriels de l'édition (« *industrie culturelle* » selon l'expression de madame la ministre Aurélie Filippetti devant le SNE). Est-ce cela être de gauche au vingt-et-unième siècle ? Pouvez-vous prétendre que la plume des bénéficiaires de ces 8200 euros ait produit des œuvres d'un intérêt supérieur à la mienne et qu'ils méritaient plus que moi un soutien ? Nous les indépendants, sommes des minables ? (j'utilise ce "nous" ès auteur du « *manifeste de l'auto-édition* »)

Vous n'avez pas l'impression que la petite phrase d'exclusion des écrivains professionnels, en profession libérale auteur-éditeur, témoigne d'une politique soumise aux oligarchies, à cette appropriation de la culture par des industriels ? (Emmanuel Todd semble rejoindre mes vieilles analyses, quand il écrit « *la vérité de cette période n'est pas que l'État est impuissant, mais qu'il est au service de l'oligarchie* »)
Vous ne mesurez pas les conséquences sociales et humaines d'une telle politique ?

Depuis plus d'une décennie, j'essaye de demander une approche respectueuse des écrivains indépendants. Votre ami monsieur Alain Bénéteau, m'accorda en son temps de président du CRL, une formule que vous trouverez peut-être également jolie « *nous ne pouvons probablement pas rester sur une situation non évolutive.* » En dix ans, seul le vocabulaire de rejet des indépendants fut modifié [dans votre "*Sont exclus :*" figura la phrase "- *l'auto-édition (éditions à compte d'auteur et éditions à compte d'auteur pratiquées par un éditeur professionnel)*"] J'ai également en vain interpellé monsieur Gérard Amigues, représentant lotois au CRL.
Depuis plus d'une décennie, je vis de peu, le plus souvent sous le seuil de pauvreté. 2013 est financièrement intenable. Ce soutien du CRL représentait mon unique

espoir de tenir. Quitter la France devient donc financièrement impératif. Vous vous en réjouirez peut-être. Puisque vous n'avez jamais daigné répondre directement à mes critiques. Mais il fut un temps où notre pays représentait une terre d'espoir et pour continuer d'écrire, vivre de mes ventes, je ne vois d'autre solution que l'exil, en Afrique.

Le "système des installés" a donc gagné : un écrivain qui ne se soumet pas aux oligarchies doit abandonner. C'est peut-être cette petite phrase sur les écrivains indépendants que retiendront de votre passage sur terre les générations futures. Etre écrivain et vivre à la campagne, modestement, représentait un choix de vie (à 23 ans j'étais cadre dans une grande entreprise, bien que je sois né dans un milieu agricole, sans relations). Ecrivain et campagne, deux voies inacceptables ? Exemple pour la campagne, Alsatis, qui nous fut présenté, imposé, offert (les qualificatifs divergent), ce "haut débit" de campagne, ainsi noté sur un contrat spécifiant un débit maximum montant à 128 kbps.

Je n'étais pas retourné à Figeac depuis le 27 avril 1998, votre fête du livre où il m'avait fallu payer 80 francs pour obtenir un "strapontin". J'en ai fait une pièce de théâtre qui je l'espère nous survivra. Lundi 7 janvier 2013, j'ai photographié cette ville. Ce sera, symboliquement, sûrement une de mes dernières publications avant l'exil.

Je n'ai jamais participé (14 livres en papier publié, une cinquantaine d'ebooks) au "*Salon du livre de Toulouse Midi-Pyrénées*" organisé par le CRL. « *Votre qualité d'auteur-éditeur ne nous permet pas de vous intégrer à ce Salon, qui est limité aux éditeurs professionnels de Midi-*

Pyrénées » me répondait sa directrice en 1998, Laurence Simon. L'exclusion fut totale. J'ignore si d'autres professions ont eu autant à souffrir de la politique régionale durant vos mandats mais vous ne nous avez rien épargné.

Oui, monsieur Malvy Martin, j'ai essayé une autre voie, car j'ai refusé un système qui confisque 90% des revenus des livres. Ces librairies que votre politique a soutenu, savez-vous qu'elles ont accepté la gestion mise en place par des distributeurs créés par "nos grands éditeurs" (naturellement, vous n'avez "sûrement" pas lu "*écrivains réveillez-vous !*")

En agitant devant le nez des écrivains qui acceptent ce système inique (n'entendez-vous jamais les protestations d'écrivains qui acceptent ce chemin mais ne parviennent pas à en vivre, même à être certains des chiffres de vente ?) des bourses de 8000 euros (chiffre 2013), vous participez à la pérennité de ce système. Sommes-nous des ânes, monsieur Martin Malvy, pour que l'on nous (les écrivains) promène ainsi ?

Le livre numérique est une chance pour les écrivains. Mais ai-je été invité à participer au groupe de travail régional interprofessionnel sur le livre numérique "*LE NUMERIQUE ET LES MÉTIERS DU LIVRE*" ? La composition de ce groupe est significative des résultats qui souhaitaient être obtenus. Le livre numérique, oui, à condition qu'il soit contrôlé par les "éditeurs traditionnels" et permettent aux libraires de continuer à vivre de ce commerce ?

Naturellement, je suis écrivain et comme Stendhal le plaçait dans la postérité, je vais lancer un dernier billet de loterie dans le monde numérique, en racontant, tout simplement, cette lutte pour vivre debout, cet échec face à votre politique (ce "votre" englobe naturellement vos collègues mais je suis arrivé dans le Lot en 1996, deux ans avant votre élection à la tête du Conseil Régional donc nous aurez marqué ma période lotoise, il est donc normal que votre présidence soit abordée).

Même si, contrairement à madame Danielle Mitterrand et de nombreux membres du PS, je n'ai jamais eu de sympathie pour Fidel Castro, en ce début d'année, j'éprouve pour monsieur Gérard Depardieu une grande tendresse. Comme lui, je suis un être libre, Monsieur, et je sais rester poli.

Veuillez agréer, monsieur le Président de Région, mes très respectueuses considérations.

Stéphane Ternoise
http://www.ecrivain.pro

http://www.romancier.net
http://www.dramaturge.net
http://www.essayiste.net

Allusion à un recommandé du conseil du Conseil Régional...

Dans la « lettre recommandée à monsieur Martin Malvy », a-t-il compris le « *puisque vous n'avez jamais daigné répondre directement à mes critiques* » comme une allusion au recommandé de mars 2010 envoyé par le conseil du Conseil Régional ?

Naturellement, il n'y a peut-être aucun lien entre les deux « affaires » mais en mars 2010, l'avocat du Conseil Régional m'envoya une lettre recommandée pour m'interdire d'afficher le logo du conseil régional sur conseil-regional.info, portail essayant d'observer les politiques régionales... Interdiction au nom de la contrefaçon alors qu'une recherche dans google.fr versant images de « logo région midi pyrénées » génère le 6 janvier 2013 plusieurs pages de réponses, alors qu'aucune des autres régions n'a mandaté d'avocat ni même envoyé de message pour s'opposer à la reproduction de leur logo.

Peut-être qu'aucun lien n'existe entre mes critiques de la politique de monsieur Martin Malvy et ce recommandé !

Je me demande néanmoins s'il ne s'agit pas d'une manière de me rappeler qu'on ne conteste pas sans conséquence un président de région de la qualité de l'ancien maire de Figeac.

Des pressions sur les écrits d'un auteur indépendant

Le premier qui dit la vérité... Certes, il ne s'agit pas de prétendre que tout écrit doit être accepté. Mais il s'agit de pouvoir analyser la politique (et les propositions commerciales) sans subir des pressions, qui naturellement dans mon cas ne vont pas m'amener à glorifier, par exemple, un président de Conseil Régional dont je conteste la politique, ou une prestation.

Les 14 et 21 mars 2010 se sont déroulées les élections régionales.

J'ai essayé, en vain, dans la région, d'alerter sur la politique du CRL.

L'histoire récente retient qu'il fut confortablement réélu, monsieur Malvy.

L'Histoire retiendra-t-elle que le 17 février 2010 fut écrit à Toulouse, par un avocat d'une société civile professionnelle d'avocat, un courrier destiné, en lettre recommandée, à Stéphane Ternoise.
Je ne l'ai réceptionnée à la poste de Montcuq que le 16 mars 2010.

Monsieur,

Je vous écris en ma qualité de Conseil de la Région Midi-Pyrénées.

Ma cliente m'a fait part des conditions dans lesquelles vous exploitez un site internet à l'adresse "conseil-regional.info" dans lequel vous utilisez sans son accord la marque et le logo de la Région Midi-Pyrénées.

Cette utilisation sans l'accord de ma cliente de sa marque protégée est constitutive d'un acte de contrefaçon au sens notamment des articles L.713-2 et L.713-3 du Code de la propriété intellectuelle ; les sanctions pénales étant précisées par les articles L.716-9 à L.716-14 du même Code.

Je vous mets par conséquent officiellement en demeure de cesser immédiatement d'utiliser cette marque et de la retirer dès réception de la présente de votre site internet.

Je vous précise qu'à défaut de réaction par retour, j'ai reçu instruction d'engager toute procédure visant à la sauvegarde des droits de ma cliente.

(...)

Il me priait de croire en ses sentiments distingués.

Le site http://www.conseil-regional.info contenait le logo de chacune des régions françaises.

J'ai remplacé celui de ma région par un carré blanc entouré de noir, avec noté en rouge "Midi-Pyrénées" et en noir "Logo Interdit". Et une explication. Si le logo est effectivement la propriété de la région, l'interdiction du nom de *"la marque"* pouvait sembler signifier l'interdiction d'utiliser le nom *"région Midi-Pyrénées."* Mais alors, comment nommer cette région ? La Bayletonie ?

La région et l'avocat ont semblé satisfaits car ils n'ont pas poursuivi ! Mais je ne suis pas parvenu à populariser cette surprenante démarche...

Exigence de retrait pour "contrefaçon"... sachant que désormais les voitures de la région peuvent posséder sur leur plaque minéralogique ce logo, sachant que ce logo se trouve sur de nombreux sites (dont wikipedia...), cet avocat aurait dû, en toute logique, œuvrer à sa disparition, toujours abondamment repris trois ans plus tard ! Etais-je donc directement visé ? Est-ce plutôt mes informations qui dérangeaient ? Mais naturellement, il est peut-être difficile pour une région dirigée par un ancien journaliste (qui plus est dans un très grand quotidien régional) de demander à un avocat d'attaquer des articles argumentés et non diffamatoires. Car naturellement, les faits sont suffisamment éloquents pour que leur simple énumération puisse embêter ! Malheureusement, il semble que notre époque aurait peut-être regardé mes écrits s'ils avaient contenu de la diffamation mais une analyse dans ce domaine de l'édition ne semble pas vraiment intéresser. Trop de situations acquises en jeu ?

Parfois l'envie me vient de ressortir du Coluche, comme dans *"les discours en disent long"* où il balançait « *si la Gestapo avait les moyens de vous faire parler, les politiciens d'aujourd'hui ont les moyens de vous faire taire* » mais je me retiens car nous sommes au vingt-et-unième siècle et les femmes et les hommes politiques de ce pays sont très attachés à la liberté d'expression.

La réponse "de" monsieur Malvy

Joël Neyen
Directeur Général des Services

Toulouse, le 11 FEV. 2013 (en dessous, du blanco masque le cachet de la date à l'envers)

Objet : VOTRE COURRIER DU 16 JANVIER

Monsieur,

Votre courrier visé en objet, et relatif à l'analyse que vous faites des différentes modalités de soutien à l'écriture et à l'édition en région, a retenu toute l'attention de Monsieur Martin Malvy, Président du Conseil Régional de Midi-Pyrénées.

A sa demande, je vous apporte les précisions suivantes. Dans le contexte fragilisé de la filière du livre et de la lecture, sur laquelle pèse plus que jamais les impondérables liés aux mutations induites par les nouvelles technologies et notamment, la perspective de l'émergence du livre numérique, la Région a choisi de concentrer son intervention en faveur des opérateurs les plus exposés, petites structures d'édition et librairies notamment, afin de conforter les conditions de leur activité en Midi-Pyrénées [remarque Ternoise : finalement, quel beau paragraphe, qui expose le conservatisme, la mise au service des installés de la puissance des services publics de la région, contre la possibilité d'une transformation ; pas un mot sur les écrivains : « *petites structures d'édition et librairies* ».]

Cette décision est le fruit d'une concertation élargie entre les opérateurs professionnels concernés, le Ministère de la culture, le Centre Régional des Lettres et la Région, et prend en compte tant la viabilité économique de la filière que la qualité de sa production. [remarque Ternoise : il suffit de réunir des gens aux intérêts similaires, d'ignorer les autres, pour prétendre s'être concerté. Quant à la viabilité économique et la qualité de la production, je pense avoir exposé de manière éloquente pourquoi je me retrouve en situation de "faillite" sans que la qualité puisse être démontrée inférieure à celle des auteurs aidés.]

Dans ce contexte, des choix doivent être opérés entre les multiples demandes qui sont présentées à la Région, qui bénéficie pour cela de l'assistance d'un comité d'experts professionnels. Plus d'une centaine d'ouvrages sont ainsi soutenus chaque année. [remarque Ternoise : « *un comité d'experts professionnels* », sans écrivain indépendant, naturellement. De quels pouvoirs magiques sont dotés ces experts pour me juger sans m'avoir lu ?]

La publication à compte d'auteur est exclue, pour sa part, de ce système, car elle revient à la commande directe d'un auteur à l'éditeur, ce qui élude l'engagement personnel de l'éditeur en faveur du projet. Seules sont donc recevables les publications à compte d'éditeur. [remarque Ternoise : l'existence de la profession libérale auteur-éditeur semble donc niée, elle ne peut quand même pas être assimilée à du compte d'auteur par des hommes aussi compétents.]

Dans la mesure du possible, la plus grande promotion est faite aux auteurs et éditeurs dans le cadre du Salon du livre "Vivons livres", organisé chaque année au moins de novembre. [remarque Ternoise : "vivons livres", mais surtout pas libres ! Un écrivain doit se soumettre à la filière...]

Enfin, des bourses d'écritures sont attribuées, chaque année, pour valoriser le travail des auteurs de la région et contribuer à la promotion des œuvres littéraires. [remarque Ternoise : la lettre portait bien sur ce sujet. Mais l'absence de réponse pour les travailleurs indépendants est flagrante !]

Ainsi que vous le voyez, différents protocoles d'intervention sont à l'œuvre, en faveur de la filière du livre, qui bénéficient, au premier chef, aux structures les plus fragiles. [remarque Ternoise : faux monsieur, les structures les plus fragiles sont les travailleurs indépendants et vos protocoles d'intervention sont des protocoles d'exclusions à leur égard.]

Je vous prie de croire, Monsieur, à l'assurance de mes sentiments distingués. [remarque Ternoise : j'en doute !]

Signature
Joël NEYEN

[remarque Ternoise : chacun, en relisant ma lettre du 16 janvier et cette réponse peut conclure sur le degré de pertinence de l'argumentaire. Il me passe par la tête une phrase sûrement sans rapport :
« *Vous venez avec vos questions, je viens avec mes réponses...* » et j'entends la voix de Georges Marchais...]

Seconde lettre

M. Malvy Martin, Président du Conseil Régional
CONSEIL REGIONAL MIDI-PYRENEES
22, boulevard du Maréchal-Juin
31406 Toulouse Cedex 9

Montcuq le 24 février 2013

Vos Réf : ----/AR/--- - --------

Monsieur le Président de la Région Midi-Pyrénées,

Vous avez considéré M. Joël NEYEN, directeur Général des Services, comme le plus apte à répondre à mon courrier du 16 janvier 2013. Il précise bien qu'il s'agit d'une réponse suite à votre demande. Je me permets donc de considérer que les réponses vous engagent. Peut-être êtes-vous mal conseillé, victime des notes d'un puissant lobby. Je sais bien que nul ne peut connaître l'ensemble des activités d'une société.

Donc, M. Martin Malvy, à l'approche du quinzième anniversaire de votre entrée à la présidence de notre région, le jour de vos 77 ans, vous ignorez toujours qu'il existe une profession libérale auteur-éditeur, ainsi déclarée à l'urssaf (N°SIREN ---------) et au service des impôts (déclaration contrôlée, BNC, avec même un numéro de TVA Intracommunautaire FR42---------).

Vous répondez pour justifier vos financements "*en faveur des opérateurs les plus exposés*" mais il est apocryphe de prétendre que vous intervenez pour soutenir les "*petites structures d'édition.*" (l'auteur-éditeur étant la structure de base de l'édition indépendante)
Vous répondez pour justifier votre exclusion des aides de la publication à compte d'auteur. Ce qui n'est pas le sujet !
Qui plus est, vous devriez connaître ma position sur le sujet (affaire au TGI de Paris quand une société pratiquant le compte d'auteur m'y a assigné pour essayer de faire disparaître de mes sites mes analyses). Quant à "votre" salon du livre, il se caractérise par l'exclusion des auteurs indépendants.
Mais pas un mot sur la profession que j'exerce, auteur-éditeur, en travailleur indépendant, profession libérale, qui constituait pourtant le cœur de mon questionnement dans ma lettre du 16 janvier 2013.

Pas un mot non plus sur les conditions de travail consécutives à l'absence de connexion Internet à une vitesse correcte dans les campagnes de la région (en un mot : alsatis).

Vous avez tort, monsieur Martin Malvy, de vous placer du côté des installés contre les écrivains indépendants. L'auto-édition est une vraie profession. J'en suis même l'un des symboles au niveau national, auteur du "*manifeste de l'auto-édition.*" Madame Aurélie Filippetti, ès ministre de la Culture, écrivait d'ailleurs récemment « *l'auto-édition est riche de promesses.* » Mon combat pour sa reconnaissance passe donc par la dénonciation de votre position, de votre politique (j'ai bien noté l'absence de réponse du président du CRL, M. Michel Perez).

J'aimerais donc une vraie réponse, où vous n'assimileriez pas l'auto-édition (terme usuel pour la profession libérale auteur-éditeur) au compte d'auteur (défini par l'article L132-2 du CPI et régi par la convention, les usages et les dispositions des articles 1787 et suivants du code civil).
Je ne vois pas d'autre résumé à votre réponse que de considérer que vous avez assimilé une profession libérale indépendante à la pratique du compte d'auteur, activité sur laquelle nous semblons d'accord pour conclure qu'elle ne peut pas mener à une professionnalisation mais dont la définition semble erronée chez vous.

Veuillez agréer, monsieur le Président de Région, mes très respectueuses considérations.

Stéphane Ternoise - http://www.ecrivain.pro

Cette lettre fut réceptionnée le 28 février 2013 par le secrétariat général Région Midi-Pyrénées.
M. Malvy Martin est bien né le 24 février 1936. Comme moi, il n'est pas né dans le Lot. Lui, à Paris.

Aucune réponse au 5 avril 2013.

Question de constitutionnalité de la politique de M. Martin Malvy

Je pose la question. Avec l'espoir qu'un juriste s'en saisisse. Pourquoi pas plusieurs !?

Est-il conforme à la Constitution, au principe d'égalité des citoyens, de rendre certains écrivains inéligibles aux bourses publiques, au motif qu'ils sont travailleurs indépendants, immatriculés en profession libérale, et non inféodés à un "éditeur traditionnel" par un "contrat d'édition à compte d'éditeur" ?

Puisse cette question ouvrir un débat sur la politique du Centre Régional des Lettres Midi-Pyrénées, un débat refusé par M. Martin Malvy depuis 1998.

Cette discrimination d'une profession libérale est-elle, d'autre part, socialement juste ? Avis de politiques bienvenus.

J'ai fait mon boulot d'information. Maintenant, le livre existe, je vais essayer de le faire connaître. Je ne pense pas que la *Dépêche du Midi* y accordera plus de lignes qu'aux précédents. Quant aux journalistes nationaux, ils considèrent sûrement qu'un écrivain sans presse régionale ne les mérite pas. Une France figée, quadrillée, où si tu sors du rang (du vrai !) tu es en marge, marginalisé, ghettoïsé.

Donc, si vous avez la chance de le lire... dans un pays où les relais d'informations sont contrôlés (et l'épiphénomène réseaux sociaux n'y change pas grand chose, il permet seulement aux inconnus de lancer des billets de loteries, ce qui sera naturellement mon cas) chaque lectrice ou lecteur doit se poser la question essentielle de consacrer ou non un peu de temps à faire connaître ce texte... et les autres !

Être journaliste, c'est également choisir l'information. Normalement. Disons sauf cas particuliers.

Dans un pays où sans l'obstination de Médiapart ((très décriée par les installés avant confirmation de "l'incroyable vérité" qui permet au site d'obtenir la crédibilité jouée sur cette affaire... alors que Médiapart fut quand même créé par l'un des journalistes les plus connus du pays... mais il est sorti du journalisme d'accompagnement qu'est même devenu *Le Monde*) Jérôme Cahuzac, grand fraudeur (600 000 euros entre la Suisse et Singapour ?!), aurait pu rester ministre délégué au Budget, donc chargé de lutter contre la fraude fiscale, Dans un pays où Aurélie Filippetti auteur Lagardère peut rester rue de Valois pour y favoriser les éditeurs traditionnels au détriment des indépendants, qui va s'intéresser à la politique du Centre Régional des Lettres ? Aux conditions de publication d'un livre "sûrement sans grand intérêt" de Martin Malvy (rappel : j'ai lu celui de 2010).

J'en appelle donc également aux femmes et hommes de la région Midi-Pyrénées qui ne voudraient surtout pas que ça continue ainsi en 2015 où Martin Malvy pourrait être tenté, à 79 ans, par un nouveau mandat, ou à contre-cœur (avec joie apparente) adoubera un successeur...

L'affaire Cahuzac sera-t-elle utile à la démocratie ?

Communiqué de presse publié le 2 avril 2013 par l'Elysée :

« Le président de la République prend acte avec grande sévérité des aveux de Jérôme CAHUZAC devant les juges d'instruction concernant la détention d'un compte bancaire à l'étranger. C'est désormais à la Justice d'en tirer les conséquences en toute indépendance.
En niant l'existence de ce compte devant les plus hautes autorités du pays ainsi que devant la représentation nationale, il a commis une impardonnable faute morale. Pour un responsable politique, deux vertus s'imposent : l'exemplarité et la vérité. »

Pour la contester, la vérité, il faut démontrer le mensonge, aurait pu conclure monsieur Cahuzac dans une ultime raffarinade. Quant à l'exemplarité, c'est peut-être ce que j'analyse sous le terme de déontologie. Vous considérez-vous exemplaire, monsieur Malvy ?

Le lendemain, vers midi, François Hollande envoyait aux médias une déclaration enregistrée le matin, dénonçant « *un outrage à la République.* »

Le texte est "lourd" :

« J'ai appris, hier, avec stupéfaction et colère les aveux de Jérôme CAHUZAC devant ses juges.

Il a trompé les plus hautes autorités du pays : le chef de l'Etat, le Gouvernement, le Parlement et, à travers lui, tous les Français.

C'est une faute, c'est une faute impardonnable. C'est un outrage fait à la République. D'autant que les faits reprochés sont eux-mêmes intolérables : détenir, sans le déclarer, un compte à l'étranger.

Donc, toute la lumière sera faite.

Et c'est la Justice qui poursuivra son travail jusqu'au bout et en toute indépendance.

J'affirme, ici, que Jérôme CAHUZAC n'a bénéficié d'aucune protection autre que celle de la présomption d'innocence. Et il a quitté le Gouvernement, à ma demande, dès l'ouverture d'une information judiciaire.

C'est un choc ce qui vient de se produire parce que c'est un grave manquement à la morale républicaine. Je suis, donc, amené à prendre trois décisions qui vont dans le sens des engagements que j'avais pris devant les Français :

D'abord, renforcer **l'indépendance de la Justice** *: c'est le sens de la réforme du Conseil Supérieur de la Magistrature. Cette réforme sera votée au Parlement dès cet été. Elle donnera aux magistrats les moyens d'agir en toute liberté, en toute indépendance, contre tous les pouvoirs.*

Ensuite, **lutter de manière impitoyable contre les conflits entre les intérêts publics et les intérêts privés** *et assurer la publication ainsi que le contrôle sur les patrimoines des ministres et de tous les parlementaires. Le Gouvernement, là encore, soumettra au Parlement, dans les semaines qui viennent, un projet de loi dans cette direction.*

*Enfin, les **élus condamnés pénalement** pour fraude fiscale ou pour corruption **seront interdits** de tout mandat public.*

La République, c'est notre bien le plus précieux. Elle est fondée sur la vertu, l'honnêteté, l'honneur.

La défaillance d'un homme doit nous rendre encore plus exigeants, plus intransigeants, et je le serai parce que je sais ce que cela représente pour les Français cette blessure.
L'exemplarité des responsables publics sera totale.

C'est mon engagement.
Je n'en dévierai pas et les Français doivent en être certains. »

Ma première réaction ? Le doute. Je doute de la parole de mon président, oui je le reconnais, c'est très mal ! Comment pouvait-il tout ignorer ? Et... cette question de démission...

Je relis son bref communiqué du 19 mars, après la démission du ministre « *Je remercie Jérôme CAHUZAC pour l'action qu'il a conduite depuis mai 2012 comme ministre du Budget pour le redressement des comptes de la France. Il l'a fait avec talent et compétence.*
Je salue la décision qu'il a prise de remettre sa démission de membre du Gouvernement pour mieux défendre son honneur. »

Jérôme Cahuzac a-t-il quitté le Gouvernement à la demande du président comme prétendu le 3 avril ou a-t-il décidé de remettre sa démission de sa propre « *décision qu'il a prise* » comme prétendu le 19 mars ? Les deux ne

66

sont pas possibles, monsieur le président... Je sais bien, on formule toujours ainsi, le mec viré on prétend qu'il a donné sa démission par grandeur d'âme... même quand on est un président normal ?

Jérôme Cahuzac avait écrit : « *Par respect pour le bon fonctionnement tant du Gouvernement que de la justice, j'ai décidé de présenter ma démission à Monsieur le président de la République.*

Cela ne change rien ni à mon innocence ni au caractère calomniateur des accusations lancées contre moi et c'est à le démontrer que je vais désormais consacrer toute mon énergie.

Servir mon pays dans cette période difficile a été un honneur. Nous avons engagé des réformes courageuses et indispensables. À la place qui sera la mienne je continuerai à soutenir l'action de notre gouvernement. Je tiens à redire toute ma gratitude au président de la République et au Premier ministre pour la confiance et le soutien qui ont été constamment les leurs. »

Claude Bartolone avait « *salué la dignité de la décision de Jérôme Cahuzac qui, alors qu'il n'était pas mis en examen, a préféré protéger le gouvernement et la France plutôt que sa propre personne* ». Quelle clairvoyance. Oh, il l'a protégé, le gouvernement !

On croirait vraiment un candidat à la Présidentielle, ce François Hollande ! Il « *entend lutter de manière impitoyable contre les conflits d'intérêts.* » Où commencent les conflits d'intérêts ?

Quant à la conclusion de cette affaire, il est possible qu'un jour le président reconnaisse avoir "naturellement" entendu des rumeurs mais qu'il ne pouvait et ne devait pas les croire.

Des paroles aux actes ?

Peut-on lui faire confiance quand on se souvient de *"l'agenda du changement : du 6 mai au 29 juin 2012"*, le programme de François Hollande :
« Signature d'une charte de déontologie et publication des déclarations d'intérêt par les membres du Gouvernement et circulaire du Premier Ministre étendant ces exigences aux membres des cabinets et plafonnant leurs effectifs. »

En 2012, avant les présidentielles, interrogé par l'ONG *Transparence international France*, François Hollande approuvait la proposition visant à « *En finir avec les conflits d'intérêts !* » Il répondait « *Oui* » à « *Seriez-vous d'accord pour rendre publiques des déclarations d'intérêts précises et instaurer l'obligation de s'abstenir de participer à une décision publique en cas d'intérêts personnels liés à la question abordée* » ? Avec pour commentaires : « *Je souscris à la proposition de TI France de prévenir les conflits d'intérêts dans la vie politique en rendant publiques des déclarations d'intérêts précises et en instaurant l'obligation de s'abstenir de participer à une décision publique en cas d'intérêts personnels liés à la question abordée.* » Pourtant, juste un exemple, Aurélie Filippetti auteur Lagardère continue à favoriser les éditeurs au détriment des indépendants. il est vrai que la compagne de monsieur Hollande travaille pour le même groupe. Aucun conflit d'intérêts ?

Dites, monsieur le Président de la République, est-ce un conflit d'intérêts quand un auteur publié chez *Privat* est également Président du Conseil Régional subventionneur de l'éditeur ?

Est-ce un conflit d'intérêts de bénéficier du soutien de la *Dépêche du Midi* quand on s'appelle monsieur Martin Malvy ?

Est-ce que la *Dépêche du Midi* avec à sa tête le patron d'un département, patron d'un parti, se retrouve en fréquente situation de suspicion de conflits d'intérêts ?

Etes-vous en conflits d'intérêts, monsieur le Président, avec les articles de votre compagne pour le groupe Lagardère ?

Et je pourrais en formuler d'autres, des questions !

Martin Malvy et Jérôme Cahuzac

Du 2 octobre 1992 au 29 mars 1993, dans le gouvernement Pierre Bérégovoy, Martin Malvy fut « Ministre du Budget. »

Du 16 mai 2012 au 19 mars 2013, dans les gouvernements (1 et 2) Jean-Marc Ayrault, Jérôme Cahuzac fut « Ministre délégué auprès du ministre de l'Économie, des Finances, chargé du Budget. »

A vingt ans d'écart...

Jean Launay, député de la deuxième circonscription du Lot, dans son espace sous parti-socialiste.fr nous fit part du *"Meeting à Figeac le 12 avril, avec Jérôme CAHUZAC."*

Très intéressant ! C'était en 2012. Malgré la présence de monsieur Malvy, le maire de Villeneuve-sur-Lot fut à l'honneur.

"Ils étaient plus de 300, jeudi soir, au meeting de soutien à François Hollande. Nicole Paulo, maire, présageait la victoire, en accueillant Jérôme Cahuzac, dans la salle Balène à Figeac « qui, a-t-elle dit, résonne encore de nos succès avec Martin Malvy ».
Le président de la commission finances à l'Assemblée nationale, député-maire de Villeneuve-sur-Lot, n'a pas mâché ses mots. « Sarkozy nous a opposé [s] les uns aux autres, ceux qui travaillent et ceux qui ne veulent rien faire, les bons et les méchants, durant 5 ans. Convenons-en, c'est un personnage hors du commun. Sa sphère privée

envahit tout jusqu'à la caricature. Ce n'est pas la pudeur qui l'étouffe, rien ne nous aura été épargné. Tout ça pour quoi : 1 million de chômeurs en plus, 600 milliards de dette en plus, 70 milliards de déficit commercial en plus...»

Pour paraphraser M. Cahuzac : durant 15 ans, Malvy nous a opposés les uns aux autres, ceux inféodés aux éditeurs et les indépendants...

Sur les finances, sa grande spécialité donc :

"Parlant finances : « Il faut nous désendetter, c'est une question de souveraineté nationale. Il faut réformer la fiscalité et que chacun y contribue selon ses possibilités, faire en sorte que les revenus du capital y contribuent autant que ceux du travail. Il faudra faire un effort de 30 milliards d'euros par an ». Martin Malvy, président de Région Midi-Pyrénées, avait fait remarquer déjà : « François Hollande fait 60 propositions pour la France, pour donner une autre conception de la République et de ses valeurs. Il sait l'état dans lequel il va récupérer le pays. Il y a 8 millions de Français sous le seuil de pauvreté, un écart de 225 milliards d'euros entre les balances commerciales française et allemande. Le modèle Sarkozy, c'est un modèle où ceux qui ont les moyens paient, et les autres, n'ont rien »."

Naturellement, le *« que chacun y contribue selon ses possibilités »*, se limite au connu, exit le magot sorti discrètement de France.

Quant à monsieur Malvy, pour le paraphraser, ce sera *« Le modèle Malvy, c'est un modèle où ceux qui ont les moyens sont soutenus, et les autres, marginalisés »* ?

Merci pour la photo, monsieur Jean Launay, où l'on voit le Jérôme Cahuzac à la tribune avec à sa droite assis Martin Malvy puis vous et à sa gauche Gérard Miquel (président du conseil général du Lot, également sénateur) puis Jean-Marc Vayssouze (maire de Cahors).

Balancer sur twitter...

Twitter, ce sont des billets de loterie à balancer chaque jour. Certes Justin B., humour de droite, presse-citron et les autres bénéficient d'une audience bien supérieure à la mienne. Donc je lance, je balance sans grande illusion...

Il est candidat à l'Elysée ce #Hollande ? il "entend lutter de manière impitoyable contre les conflits d'intérêts" http://www.gauche.info/france11.html

#Cahuzac NOUS a toujours méprisés, exemple le salon du livre de Villeneuve Sur Lot http://www.ecrivain.pro/villeneuvesurlot20120421.html Sa chute doit être fêtée sudouest

@martinmalvy vous vous souvenez de votre meeting à FIGEAC avec #Cahuzac Vous vous souvenez de ce qu'il y fut dit ? http://www.utopie.pro/quitterlafrance.html

@martinmalvy votre ami #Cahuzac a sorti 600000 € du pays et le CRL ne peut pas m'octroyer une bourse d'écrivain. http://www.utopie.pro/quitterlafrance.html

Quel est le montant des aides reçues par éditions PRIVAT de la part du CRL Midi Pyrénées qui publient votre livre? @martinmalvy @nbouzou

L'exemplarité des responsables publics sera totale OUIouNON @martinmalvy ? Combien d'argent a touché votre éditeur du CRL? @BrigitteBareges

Ils devaient se marrer LES BANQUIERS SUISSES quand

ils entendaient #Cahuzac prétendre lutter contre la fraude fiscale
http://www.ecrivain.pro/villeneuvesurlot20120421.html

@aurelifil Est-ce un conflit d'intérêts quand @martinmalvy publie un livre chez PRIVAT soutenu par le CRL-MP ? http://www.utopie.pro/quitterlafrance.html

Quitter la France. Car Martin Malvy est président de la Région Midi-Pyrénées. Entre son éditeur Privat et moi...
http://www.utopie.pro/quitterlafrance.html

Si Jérôme #CAHUZAC reprend sa place de DEPUTE (il en a LE DROIT), François #Hollande devra dissoudre l'Assemblée Nationale
http://www.ecrivain.pro/depute.html

#Cahuzac ? C'était pas un entraîneur de foot, dans notre jeunesse ? @martinmalvy
http://www.utopie.pro/quitterlafrance.html

Pour se racheter je propose à #Cahuzac de créer une fondation pour écrivains exclus aides région MP par @martinmalvy http://www.utopie.pro/quitterlafrance.html

Mon compte sous twitter : ternoise.

Couverture

Il s'agit naturellement d'une photo de l'auteur ! En lien avec Martin Malvy : la place des écritures à Figeac. Oui, il me reste à fabriquer le livre numérique sur cette commune du Lot. Je possède d'ailleurs depuis quelques années le site approprié à sa présentation, sa promotion : http://www.figeac.info

La charte de qualité de l'auteur indépendant

Nul besoin d'exhiber quelques textes inutiles auto-édités pour dénigrer l'auto-édition, pratique accusée de mettre sur le marché les pires médiocrités agrémentées des fautes les plus élémentaires d'orthographe ou grammaire, parfois même avec un style d'élève en difficulté du CM1.

Il s'avère néanmoins sûrement exact que les livres vraiment auto-édités dans une démarche professionnelle (mon exclusion de "l'auto-édition réelle" des auteurs qui ne respectent pas un minimum la littérature a toujours dérangé les prétendues belles âmes du secteur pour qui « tout est littérature ») contiennent en moyenne plus de fautes que les livres des éditeurs "traditionnels".
Il ne s'agit pas forcément d'une question de qualité des auteurs mais de moyens. Même le passage par les correcteurs et correctrices professionnels ne permet pas de présenter des œuvres sans erreurs, qu'avant on appelait d'imprimerie. Mais depuis que l'imprimeur reprend un document PDF pour lancer l'impression, les éditeurs qui utilisent encore cet argument semblent miser sur la méconnaissance du grand public.
Monsieur Antoine Gallimard n'a pourtant pas de leçons de qualité à nous donner : la communauté des pirates du livre numérique s'était amusée à corriger l'ebook d'Alexi Jenni, *l'art français de la guerre*, prix Goncourt 2011. Après l'hypothèse de l'utilisation du document PDF imprimeur, mouliné par un logiciel de reconnaissance graphique pour fabriquer la version numérique, des lecteurs de la version papier ont informé le web que ces coquilles se trouvaient également dans leur épais bouquin.
La faculté de corriger rapidement sur l'ensemble du circuit

de distribution un ebook constitue un avantage dont la portée ne semble guère avoir été analysée. Dans cette optique, j'ai décidé de récompenser les lectrices et lecteurs qui ne se contentent pas d'une moue de déception face aux erreurs mais les communiquent, en leur offrant un livre de leur choix du catalogue, trois formats disponibles (epub, pdf, amazon). Pas de papier offert ! Seule restriction, pour une question de taille des fichiers et vitesse de connexion à Internet d'un écrivain vivant à la campagne, ne pourront être envoyés que des ebooks dont la taille n'excédera pas cinq mégas, ce qui exclut les livres de photos (sauf ceux dont le PDF reste juste en dessous de la limite possible).

Naturellement, il ne vous faut pas réclamer ce livre ni envoyer les fautes constatées (réelles ! et non les choix comme mettre au pluriel un terme habituellement invariable ou reprendre une lettre d'un personnage dont les fautes d'orthographe constituent justement une caractéristique, ou même une libre violation des temps conseillés de conjugaison !) sur la plateforme d'achat mais à la page contact de www.ecrivain.pro en spécifiant le livre de votre choix, qui vous sera envoyé par mail après vérification des informations transmises.

Fautes réelles découvertes : un livre offert, l'engagement qualité de l'auto-édition.

Cette offre s'étend à l'ensemble de mon catalogue.

Stéphane Ternoise… un peu plus d'informations

Né en 1968

http://www.ecrivain.pro essaye d'être complet, avec un "blog" (je préfère l'expression "une partie des chroniques"). Mais il ne peut naturellement pas copier coller l'ensemble des textes présentés ailleurs.

http://www.romancier.net

http://www.dramaturge.net

http://www.essayiste.net

http://www.lotois.fr

Les noms de ces sites me semblent explicites…
Le graphisme reste rudimentaire. Tant de choses à faire…

http://www.salondulivre.net le prix littéraire a lancé sa onzième édition. Une réussite d'indépendance. Mais peu visible…

L'ensemble des livres numériques ont vocation à devenir disponibles en papier et réciproquement. Il convient donc de parler de livre au sens fondamental du terme : le contenu, l'œuvre. En juillet 2013, le catalogue numérique de Stéphane Ternoise dépasse la barre naguère inimaginable de la centaine. Il est constitué de romans, pièces de théâtre, essais mais également de photos, qu'elles soient d'art (notion vague) ou documentaires (présentation de lieux, Cahors, Cajarc, Montcuq, Beauregard, Golfech…), publications pour lesquelles l'investissement en papier est impossible, sauf à recourir à l'impression à la demande.

Table

La page des notes

Site officiel : http://www.ecrivain.pro

Présentation des livres essentiels :
http://www.utopie.pro

Quand Martin Malvy publie un livre : questions de déontologie de **Stéphane Ternoise**

Dépôt légal à la publication au format ebook (978-2-36541-340-4) du 6 avril 2013.

Imprimé par CreateSpace, An Amazon.com Company pour le compte de l'auteur-éditeur indépendant.
livrepapier.com

ISBN 978-2-36541-411-1
EAN 9782365414111

www.ingramcontent.com/pod-product-compliance
Lightning Source LLC
Chambersburg PA
CBHW071813200626
46813CB00020B/2200